AF446531

Maxwell Sobel

Deux Gymnopédies Nouvelles

2100 – 1100 – harp – strings

CONTENTS

Gymnopédie nouvelle 1   2' 06"   2
Gymnopédie nouvelle 2   2' 23"   12

© 2022 Maxwell Sobel
© 2022 Prima la musica!

Gymnopédie Nouvelle No. 1

12
Fl.
Fl.
Ob.
Hn.
Tpt.
Hp.
Vln. 1
Vln. 2
Vla.
Vc.
Db.
mf
mf
f
mp
p
p
p
p

18
Fl.
Fl.
Ob.
Hn.
Tpt.
Hp.
Vln. 1
Vln. 2
Vla.
Vc.
Db.
f
f
mf
mf

25
Fl.
Fl.
Ob.
Hn.
Tpt.
Hp.
Vln. 1
Vln. 2
mf
Vla.
mf
divisi
Vc.
mf
Db.
mf

48
Fl.
Fl.
Ob.
Hn.
Tpt.
Hp.
Vln. 1
Vln. 2
Vla.
Vc.
Db.
f
f
f
mf
mf
f divisi
mf
f
f
f
f

55
Fl.
Fl.
Ob.
Hn.
Tpt.
Hp.
Vln. 1
Vln. 2
Vla.
Vc.
Db.
pp
pp
pp
pp
pp

62
rall.
Fl.
Fl.
Ob.
Hn.
mf
Tpt.
mf
Hp.
Vln. 1
mf
Vln. 2
mf
Vla.
mf
Vc.
mf
Db.
mf

Gymnopédie Nouvelle No. 2

7
Fl.
Fl.
Ob.
Hn.
Tpt.
Hp.
Vln. 1
Vln. 2
Vla.
mf
Vc.
Db.

13
Fl.
Fl.
Ob.
Hn.
Tpt.
mf
Hp.
Vln. 1
Vln. 2
Vla.
mp
Vc.
mp
Db.
mp

18
Fl.
Fl.
Ob.
Hn.
Tpt.
Hp.
Vln. 1
Vln. 2
Vla.
Vc.
Db.
mf

23
Fl.
Fl.
Ob.
Hn.
Tpt.
Hp.
Vln. 1
Vln. 2
Vla.
Vc.
Db.
mf
mf
p
pizz
arco
pizz
arco
pizz
arco
pizz
arco
pizz
arco
mp
mp
p
mp
p
mp
mp

38
Fl.
Fl.
Ob.
mp
mf
Hn.
Tpt.
Hp.
Vln. 1
pp
Vln. 2
Vla.
Vc.
Db.

43
Fl.
Fl.
Ob.
Hn.
Tpt.
p
Hp.
Vln. 1
p
Vln. 2
Vla.
Vc.
Db.

rall.
58
Fl.
Fl.
Ob.
Hn.
Tpt.
Hp.
Vln. 1
Vln. 2
Vla.
Vc.
Db.
f
f
f
f
f
f
f
f
f
pp
pp
pp
pp
pp
pp
pp
pp
pp

The composer's original manuscript of Gymnopédie Nouvelle No. 1 © Maxwell Sobel 1966/2022

www.ingramcontent.com/pod-product-compliance
Lightning Source LLC
Chambersburg PA
CBHW081035130726
48002CB00008B/2700